Adelheid Harms

Das schöne Ei

eine Zierde fürs ganze Jahr

Ein Buch, das Ihre
Phantasie zum Selbermachen
anregt

ISBN 3-7724-0991-1 · Best.-Nr. 991

Auflage: 5. 4. | Letzte Zahlen
Jahr: 1988 87 | maßgebend

frech-verlag
GmbH + Co. Druck KG Stuttgart
Druck: Frech Stuttgart

Eier von folgenden Vögeln:

1 Strauß
2 Nandu
3 Emu
4/5 Ente
6–8 Pute
9 Junghenne
10 Papagei
11 Taube
12 Pfau
13/14 Hühner
15/16 Jap. Seidenhuhn
17–19 Ente
20/21 Perlhuhn

Die Puppen auf den Seiten 24 und 36 wurden von der Autorin angefertigt.

Das schöne Ei

Haben Sie schon einmal das Glück gehabt, ein Straußenei in den Händen zu halten, vielleicht sogar ein frisch gelegtes? Es ist rund und schwer und glänzt wie Porzellan. Für uns eine Kostbarkeit, in Australien gerade gut zum Eierkuchenbacken.
Fühlen Sie einmal ganz bewußt die Schale eines Enteneies. Sie ist seidig und weich. Die Farbtöne des Enteneies reichen in feinsten Nuancen von Weiß über Hellblau, Zartgrün bis Grau.
Wenn Sie in einer Gegend wohnen, in der es „nur" Hühnereier gibt, dann entdecken Sie bei Ihrem nächsten Marktbesuch, wie unterschiedlich auch diese Eier in Form und Farbe sind. Es macht Spaß, sich die verschiedenen Brauntöne zusammenzustellen oder, je nach Bedarf, kleine kugelige oder lange spitze Eier auszusuchen. Sicher hat Ihr Händler nichts dagegen, wenn Sie ihm erklären, warum Sie so wählerisch sind. Vielleicht überrascht er Sie auch eines Tages mit einem winzigen Erstlingsei, das er sonst ganz profan für seinen Spätzleteig genommen hätte, weil es zum Verkaufen zu klein war.
Es ist einleuchtend, daß das winzige Erstlingsei anders verziert werden möchte, als das große schlanke.
In meinen Kursen werde ich oft gefragt, wo ich die Ideen für die Verzierungen hernehme. Die Antwort auf die Frage, ob es Bücher dafür gibt, ist ja und nein. Nein, weil keine speziellen Bücher mit Vorlagen wie z. B. bei der Bauernmalerei, angeboten werden. Ja, weil jedes bebilderte Buch, jeder Kunstband zur „Quelle" wird. Sei es, daß ganz bestimmte Bilder den Anstoß geben oder daß das Zusammenspiel verschiedener Farben zum „Auslöser" wird. Manchmal läßt eine Fotografie in der Tageszeitung ein neues Motiv entstehen, manchmal ist es die Natur, ihre Formen und Farben.
Die Abbildung auf S. 1 soll deutlich machen, worauf es mir ankommt: auf das „Ankurbeln" der Fantasie. (Bücher, die sich mit den verschiedenen Techniken des Eierverzierens befassen, gibt es genügend auf dem Markt.)
Das Salzteigpärchen hatte ich vor längerer Zeit modelliert – auf dem Ei macht sich das Motiv doch auch ganz gut!
Motive gibt es genug, man muß sie nur erkennen und verarbeiten.
Vielleicht hilft es Ihnen, wenn ich zeige, welche Anregungen bei mir zu den unterschiedlichsten Motiven geführt haben.
Auch Sie werden die Erfahrung machen, daß Augen und Sinne um so empfänglicher werden für alles, was „motivauslösend" ist, je intensiver Sie sich mit dem Auswählen, Einfärben und Verzieren der Eier beschäftigen.
Suchen Sie sich die Technik aus, die Ihnen am meisten Spaß macht, und ich bin sicher, daß es Ihnen in kurzer Zeit leicht fallen wird, ein schönes Ei zu gestalten.

Einige Ratschläge – damit Sie lange Freude an Ihren Eiern haben

● Eier vorsichtig mit einem spitzen Gegenstand anbohren (Nadel/Eierpieker).

● Löcher mit Kreuzschlitzschraubenzieher kreisrund aufbohren.

● Inhalt mit einem Stöckchen durchrühren und mit einer Klistierspritze ohne Mundstück ausblasen.

● Eireste sofort von der Schale abwaschen. Sie verhindern gleichmäßiges Einfärben, auch wenn sie später sorgfältig entfernt wurden.

● Niemals mit scharfem Schwamm oder Scheuerpulver auf der Schale herumscheuern. Auch das kann das Färbeergebnis beeinträchtigen.

● Ein Schuß Essig im Spülwasser macht die Schale fettfrei.

● Haben Sie trotz aller Vorsichtsmaßnahmen Pech beim Einfärben, verzagen Sie nicht, kein Ei gleicht dem anderen, auch nicht, was die Beschaffenheit der Schale anbelangt.

● Das Ei muß innen sehr sorgfältig ausgespült werden, damit den Milben jeder Spaß an Ihrer Sammlung verdorben wird.

● Das Spülwasser mit einer Einwegspritze einsprühen oder mit einer Klistierspritze einsaugen.

● Das fertig verzierte Ei möglichst mit einer Schutzschicht aus einem schnelltrocknenden Klar- oder Mattlack überziehen (z. B. Lack für Bauernmalerei oder Nagellack).

Hühnereier, naturfarben
Geschirr von Villeroy & Boch

Vergißmeinnicht

Was liegt näher, als ein Ei mit dem zu schmücken, was den Menschen in der Osterzeit mit besonderer Freude erfüllt: mit Frühlingsblumen?
Was ist leichter zu malen, als ein Vergißmeinnicht?
Bei welchen Blüten läßt es sich schöner mit Farben spielen?
Welches Ei ist müheloser zu bearbeiten als ein naturfarbenes?
Alles, was Sie jetzt noch brauchen, sind Farben und Pinsel.

Fasaneneier, naturbelassen

Material
Marderhaarpinsel Nr. 0–5
Wasser-, Aquarell- oder Plakatfarben

Vielleicht macht es Ihnen Spaß, bei einem Spaziergang darauf zu achten, ob sich noch andere Blumen für Ihre Eier eignen. Welche Farben bringt die Natur gerade jetzt hervor, und wie harmonisieren Sie miteinander?
Haben Sie ein Kaffeegeschirr mit Blümchendekor? Versuchen Sie doch einmal die Übertragung des Motivs auf ein Ei. Auch wenn es Ihnen auf Anhieb nicht so gelingt, wie dem versierten Porzellanmaler: Am Ende haben Sie einen individuellen, nur zu Ihrem Kaffeetisch passenden Osterschmuck!
Gehen Sie in ein Porzellangeschäft und schauen Sie, welche Wirkung von Motiven und Farben auf Tellern, Tassen und Vasen ausgeht.
Was können Sie daraus lernen? Ganz sicher werden Sie nicht eines der Muster, das Sie gesehen haben, genauso auf eines Ihrer Eier übertragen; das ist jedenfalls nicht der Sinn der Sache.
Trotzdem werden Sie eine Menge profitieren.
Große Maler haben von anderen Malern gelernt.
Warum sollten Sie nicht das gleiche für sich in Anspruch nehmen?
In früheren Zeiten wurden den Eiern magische Kräfte zugeschrieben.
Sie sollten Stärke, Fruchtbarkeit, Gesundheit, Schutz vor Hagelschlag und Feuer bewirken. In manchen Gegenden war es üblich, Freunde und Verwandte mit verzierten Eiern zu beschenken, wie wir das heute mit Blumen tun.

Liebende bedachten einander mit Eiern, die mit Blumen geschmückt waren, dem Symbol der Liebe und Güte.

Ein schön verziertes Ei in einer passenden Spanschachtel ist nicht nur zur Osterzeit ein außergewöhnliches Geschenk.
Man kann beides mit entsprechenden Motiven

auch zum Geburtstag oder zur Hochzeit verschenken. Macht man sich dann noch die Mühe, einen kurzen Abriß über die Geschichte des Eies und seines Symbolgehaltes über die Jahrhunderte hinweg zu schreiben, wird das Geschenk bestimmt gut ankommen.

Die Eier auf den Seiten 6 und 7 zeigen, was alles aus einer einzigen Blüte entstehen kann. Medaillons, Herzen, Bänder, horizontal oder vertikal über das Ei gezogen. Vielleicht noch ein paar Rosen dazu, oder überhaupt bunte Blütenkränze, -sträuße oder -herzen. Man sollte einfach experimentieren. Mehr als schief gehen kann es nicht. Und wenn schon, dann kommt eben das nächste Ei an die Reihe. Ganz sicher wird man nicht mit einem Straußenei beginnen.

Wie wäre es denn einmal mit einem Liebesbrief auf einem Ei? Entweder auf

Hühnereier, gefärbt
links unten: Junghennenei

die „Schauseite“ des Eies, ringsherum verziert mit Blumen, oder um das Ei herum geschrieben. Die Grüße brauchen sich nicht nur auf die Kurzform „Ich liebe Dich“ zu beschränken. Im oberhessischen Mardorf werden lange Sprüche aus Wachs auf die Eier gezaubert.

Zum Schreiben eignen sich:
dünner Marderhaarpinsel Nr. 0 oder 1,
sehr feiner wasserfester Filzschreiber,
dünne Schreibfeder und Tusche.

Wenn Sie schon beim Schreiben sind, vergessen Sie nicht Ihr

Monogramm

auf der Rückseite des Eies. Immerhin handelt es sich um ein einmaliges und unverwechselbares Werk, Ihr Werk. Angepaßt an das Motiv der „Schauseite“ kann das

Monogramm streng oder verspielt, mit oder ohne schmückende Malerei ausgeführt werden, so, wie es Ihnen gerade Spaß macht.

Überhaupt – Eiermalen sollte eine lustvolle Beschäftigung sein. Wenn man sich anfängt zu ärgern, wird es allemal nichts. Dafür klappt es dann nach einer Pause, die man sich gönnt, um so besser.

Hühnereier, naturbraun und gefärbt

Noch eine Variation, nicht was das Motiv, sondern was die Grundfarbe des Eies angeht. Auch bei anderen Themen werden Sie sehen, daß, bei gleichem Motiv aber farblich verändertem Hintergrund, Ergebnisse erzielt werden, die in ihrer Wirkung völlig unterschiedlich sind.

Hühnerei und Junghennenei, gefärbt

Alle Farben des Motivs müssen auf den Grundton des Eies abgestimmt werden. Dabei haben Sie beliebig viele Variationsmöglichkeiten, obwohl Sie nur sechs Grundfarben in einer Packung der handelsüblichen Ostereier Kaltfarben haben.

Wie ist das möglich?

Färbetechnik

Setzen Sie die Farben vorschriftsmäßig an und geben etwas Essig dazu. Wenn Sie ein Gemisch aus Batikfarben und Kaltfarben verwenden, erhöht das die Intensität der Einfärbung. Dann nehmen Sie das Ei, legen es auf das gewünschte Farbbad, übergießen es mit einem Eßlöffel mit der Farbe, und nehmen es sofort wieder heraus.
Der ganze Vorgang muß zügig ablaufen, damit das Ei keine unerwünschten Streifen bekommt. Die Einfärbung wird gleichmäßiger, wenn das Ei vor dem 1. Farbbad mit Wasser angefeuchtet worden ist.
Das frisch gefärbte Ei kommt sofort, d. h. noch feucht, in das nächste Farbbad. Der Vorgang wird solange wiederholt, bis das Ergebnis zufriedenstellend ist.
Einige Beispiele: orange/rot, Vorgang wiederholen, grün/blau/grün, blau/lila/blau, orange/rot/lila/rot ... usw. Experimentieren Sie, es macht unheimlichen Spaß. Sollte Ihnen das Ergebnis aber ganz und gar mißfallen, dann waschen Sie das Ei einfach mit Geschirrspülmittel ab, vielleicht erleben Sie dann die größte Überraschung.

Zum Schluß noch ein ganz wichtiger Hinweis: Das Ei darf beim Färben weder an das Gefäß stoßen noch mit dem Löffel berührt werden. Kratzer, die dabei entstehen, nehmen keine Farbe mehr an.
Ist das Ei fertig eingefärbt, wird es vorsichtig mit einem weichen Papiertuch trocken getupft.
Es muß darauf geachtet werden, daß das Ei-Innere frei von Flüssigkeit ist.

Am besten ist es, wenn die Löcher vor dem Färben mit Bienenwachstropfen verschlossen werden.

Vögel

Ei und Vogel gehören auf eine ganz besondere Weise zusammen. Der Vogel kommt aus dem Ei, er wird aus dem Ei geboren, die Form seines Körpers paßt sich wunderschön der Form des Eies an.
Ein ganz wichtiger Punkt: *Das Hauptmotiv muß immer vollständig auf der „Schauseite" zu sehen sein.*
(Auf Fehler wird an entsprechender Stelle hingewiesen.)
In den Zeiten, in denen man noch an die magischen Kräfte der Eier glaubte, waren Vögel beliebte Symbole. Hühner, Hähne oder Küken galten als Zeichen der Fruchtbarkeit. Wünschte man einem jung verheirateten Paar Kinder, schenkte man ihnen Eier, versehen mit diesen Symbolen. Stellte sich der erwünschte Nachwuchs trotzdem nicht ein, verlieh man der Sache etwas Nachdruck, indem man jetzt speziell den Mann beschenkte. Er bekam ein Ei, auf dem ein Hahn zu sehen war.
Auf Ostermärkten trifft man in der Regel einen oder mehrere Künstler, die sich mit dem Thema Vogel befassen. Die einen halten sich ganz genau an die Natur. Ihre Abbildungen sind mit feinstem Pinsel und größter Genauigkeit gemalt. Die anderen stilisieren voll Fantasie und Farbenfreudigkeit.
Beim Thema „Vogel" gibt es also keine „Marktlücke"! Wie schade, dachte ich, aber nachmachen wollte ich auch nichts.
Da fiel mir der blaue Vogel aus Stein auf. Er stand auf meinem Fensterbrett, „lebte" schon seit mehr als 10 Jahren.
Damals als ich den Stein gefunden und bemalt hatte, dachte ich noch nicht im Traum an die Eiermalerei.

Damit war das Vorurteil ausgeräumt und ich konnte mit der Serie „Vögel“ beginnen.

Für stilisierte Motive eignen sich kugelige Eiformen besonders gut. Auch hier ergeben sich interessante Farbkombinationen, wenn die Grundfarbe variiert, das Motiv dagegen nicht verändert wird. Erleben Sie, welche überraschenden Farbtöne bei diesem Experiment herauskommen.

Hühnerei und Junghennenei, gefärbt

Hühnerei und Junghennenei, gefärbt

Eulen

Ein Kettenanhänger mit beweglichen Gliedern, den ich mir vor Jahren aus dem Urlaub mitgebracht hatte, war der Auslöser für die Eulenserie. Er sah so ähnlich aus, wie die Eule auf dem gesprenkelten Putenei (rechtes Bild, oben Mitte). Das Motiv ist mit Deckweiß, Silber und Aquarellfarbe gemalt.

Das gleiche Motiv ist noch einmal in Tusche ausgeführt (oben rechts) und (oben Mitte) graviert.

Anstelle von schwarzer Tusche kann auch ein feiner wasserfester Filzstift verwendet werden. Der Vorteil: er trocknet etwas schneller als Tusche. Trotzdem Vorsicht: Wenn Sie das Motiv mit Bleistift vorgezeichnet haben, müssen Sie lange genug mit dem Abradieren warten, sonst verschmiert alles. Interessante Effekte erzielt man auch, wenn man Tusche und Filzschreiber kombiniert.

Bei den anderen Eulen wurde das Gefieder mit einem Marderhaarpinsel Nr. 2 aufgetupft. Damit es plastisch wirkt, wurden die Tupfer 3mal übereinander aufgetragen.

Material:
Ein Stecknadelköpfchen aus Metall
Deckweiß oder Plakatfarbe
Federhalter, feine Schreibfeder, Tusche, wasserfester Filzstift, Graviermesser.

Putenei, gefärbt
Putenei, natur
Junghennenei, natur
Junghennenei, gefärbt

Über das Aufstellen von Eiern

Man ist daran gewöhnt, schön verzierte Eier an einen Frühlingsstrauß zu hängen und sich in der Osterzeit daran zu erfreuen.

Sind die Blumen verblüht, die Feiertage vorbei, verschwinden sie in der Regel in irgendeiner Ecke, sorgfältig verpackt in einen Eikarton vom nächsten Supermarkt. Für mache Eier mag das gerade der richtige Ort sein, für andere aber ist es schlichtweg eine Beleidigung.
Stellen Sie sich vor, Sie haben ein Ei mit besonders viel Mühe verziert, es ist Ihnen so gut gelungen, daß Sie es am liebsten andauernd anschauen möchten, ja – warum tun Sie es dann nicht?

Schöne Eier sollen wie kleine Kunstwerke behandelt werden.

Kunstwerke haben keine Saison.
Es gibt viele Möglichkeiten, Eier dekorativ aufzustellen. Sie können in eine Schale oder in ein Körbchen auf Vogelfutter oder Samen gelegt werden, auf große oder kleine Gardinenringe aus Holz oder Metall gestellt werden. Bei manchen Eiern sehen Gläser oder Kerzenhalter dekorativ aus. Nur – sicher sollten sie stehen, die kleinen Kunstwerke – es wäre zu schade, wenn ihnen etwas zustoßen würde.

Tauben

Tauben sind ein beliebtes Motiv, nicht nur auf Ostereiern. Man findet sie auf Bauernmöbeln und auf geschliffenen Gläsern. Sie sind ein Motiv für Verlobungs-und Hochzeitskarten und sicher auch für „Verlobungs- und Hochzeitseier".

Auch hier gilt das, was schon in den vorigen Kapiteln gesagt worden ist: Die Farbe des Untergrundes bestimmt in starkem Maße die Wirkung, die vom fertigen Ei ausgeht. Versuchen Sie einmal, das Ei leuchtend bunt einzufärben.

Verwenden Sie dafür ein Gemisch aus normalen Eierfarben und Batikfarben. Das Ei nimmt die Farbe besser an, wenn das Farbbad noch warm ist.

oben und links: Putenei, natur
rechts: Junghennenei, natur
unten: Hühnerei, natur

Nanduei, natur
Hühner- und Junghennenei, naturbraun

Auf dem Bauernhof

Meine „Babuschkas", den russischen Püppchen nachempfunden, zeigen, daß es möglich ist, Eier zusammenzustellen, die in Form und Farbe fast gleich sind, aber unterschiedlich in der Größe.

Die Reihe beginnt beim winzigen runden Erstlingsei und endet beim großen dicken Doppelei.

Mit etwas Glück und Geduld lassen sich bestimmt 6, 7 oder 8 Zwischengrößen finden, die zusammenpassen.

Als Anregung: Wenn Sie eine Reihe zusammengestellt haben, versuchen sie die Eier so einzufärben, daß Sie zwar den gleichen Farbton haben, aber eine unterschiedliche Farbintensität aufweisen. Eine andere Möglichkeit: abgestufte Regenbogenfarben.

Der Hahn im Hintergrund ist mit viel Rot und Gold auf ein Nanduei gemalt. Sie werden sicher schon eingefärbte Straußeneier gesehen haben. Ich finde, es geht dabei zuviel von dem schönen Porzellaneffekt verloren, und vom Elfenbeinton bleibt auch nichts mehr übrig.

Eigentlich schade, aber das ist Geschmackssache.

Bei dem Gold auf dem Nanduei handelt es sich um Dukatengold. Dukatengold hat eine besonders strahlende Wirkung. Vorsicht ist aber geboten, wenn das Ei lackiert werden muß, dabei kann man sich das ganze Kunstwerk verschmieren.

Dukatengold läßt sich mit gutem Gewissen nur dann verwenden, wenn das Ei nicht mit einer Schutzschicht überzogen werden muß, wenn es z. B. staubfrei in einer Vitrine aufgestellt wird. Problemloser sind normale Gold-und Silberfarben (Wasser- oder Plakatfarben).

links oben: Entenei, natur
rechts: Gänseei, gefärbt
links: Entenei, gefärbt
unten: Putenei, natur

Von Pfauen und ...

Am liebsten würde ich dieses Kapitel mit einer Liebeserklärung beginnen. Mit einer Liebeserklärung an den Pfau, an die strahlende Schönheit seiner Federn, an ihre unnachahmliche Farbenpracht. Eine Liebeserklärung aber auch an den Kolibri, an sein zartes, irisierendes Gefieder und an seine graziösen Bewegungen.

Schöne Vögel kann man sammeln wie Kostbarkeiten – in Käfigen – oder als Motive für Eier. Wenn man Glück hat, für außergewöhnliche Eier. So konnte ich ein Pfauenei erwerben, auf das ich das Pfauenpaar – ein Motiv aus dem 12.–13. Jahrhundert – (S. 21) malte.

Ein anderes Pfauenpaar zeigt das nebenstehende Bild links oben. Träger ist hier ein Entenei. Rechts daneben ein Gänseei, eingefärbt mit Chemie- und Batikfarbe. Das Motiv stammt von dem jugoslawischen Hinterglasmaler Branko Bunić. Ich konnte ihm zuschauen, als er sein Bild malte. Bei ihm sitzt der

... anderen exotischen Vögeln

Paradiesvogel auf einem surrealistischen Baum über einer verschneiten Landschaft. Unter dem Baum ein sehr großes, auseinandergebrochenes Ei, in dem noch einmal die Landschaft zu sehen ist, aber verheißungsvoll sommerlich, mit einer strahlenden Sonne.

Links unten nochmals ein Entenei, lilarot eingefärbt, mit vier Pfauen. Das Ei ist rundum bemalt.

Das Motiv einschließlich Rankwerk entnahm ich einem geschnitzten Elfenbeinkästchen, das ein orientalischer Herrscher vor langer Zeit seiner Lieblingsfrau geschenkt hat.

Fehler: Das Motiv, die 2 Vögel, sind nicht einwandfrei auf der „Schauseite" zu erkennen. Richtiger wäre es, wenn das Ornament zwischen den Vögeln kleiner wäre, so daß die Pfauen mehr zur Mitte rücken könnten.

Das Ei rechts unten, ein auf die Spitze gestelltes Putenei, ist mit einem Jugendstilmotiv (1896/97)

Enteneier, naturgrün

von Otto Eckmann verziert.

Auch beim Marmorieren ging mir der Pfau nicht aus dem Kopf (S. 20). Das Farbenspiel des Pfaus inspirierte mich bei dem Nanduei auf Seite 21.

Der Pfau wird schon im Alten Testament erwähnt, wenn über den Reichtum

Gänseei, marmoriert

des weisen Königs Salomo gesprochen wird.

„Die Meerschiffe des Königs kamen in 3 Jahren einmal und brachten Gold, Silber, Elfenbein, Affen und Pfauen“ (1. Kön. 10/22).

Der Pfau lebt in den Mythen der Antike und wird im frühen Christentum das Symbol der Auferstehung. Er versinnbildlicht Hochmut und Eitelkeit und lebt auf vielen Gemälden der verschiedenen Epochen, in Deutschland, Indien und Japan.

Stolz steht der Pfau, mit goldenem Gefieder geschmückt, im Vestibül des Schlosses Herrenchiemsee. Berühmt sind die perlenübersäten Pfauen von Schloß Linderhof.

Soviel zum Thema „Pfau“. Ich glaube, es gibt viele Themen, für die man sich begeistern kann, für die es sich lohnt „auf die Pirsch zu gehen“ und interessante „Ausgrabungen“ zu machen.

links: Nanduei, natur
rechts: Pfauenei, natur

links/rechts: Hühnereier
oben: Entenei unten: Gänseei

Marmorieren

Marmorieren ist eine orientalische Färbetechnik. Alles was man braucht, ist:

guter Marmoriergrund,
Wasser,
Marmorierfarben und mit Beizlösung behandelte Eier.
Es kann losgehen.

Farbe auf den Marmoriergrund tropfen, Muster mit einem dünnen Draht oder mit einem Kamm „zeichnen", Ei eintauchen, fertig.
Die Eier können rundum marmoriert werden, mit Medaillons versehen werden, und, und, ...

Auch bei dieser Technik sollte Experimentieren groß geschrieben werden.

Da es aber zumindest am Anfang nicht so reibungslos zugeht, wie beschrieben, lohnt es sich, ein Werkbuch über Marmorieren anzuschaffen, z. B. „Marmorieren" von Eberhard Gaisser.

Entenei, Eierfarbe und
Aquarellfarbe

Orientalisches Märchen

Die Erinnerung an die Straßen und Bazare des vorderen Orients, eine lange schöne Zeit bei einer Puppenspielbühne und der Traum, eines Tages wieder Puppen für ein Märchenspiel zu machen mit viel Türkis, Silber und Gold, mit kostbaren Stoffen und orientalischer Atmosphäre, ließ diese Serie entstehen.
Auch hier: gleiche Motive auf unterschiedlichem Untergrund, ein Anlaß, mit Farben zu spielen.

4 Enteneier, 1 Putenei mit Flötenspieler
1 Pfauenei mit goldener Tänzerin

Allerlei Pflanzliches

Das ist eine Serie, die mir ganz besonderen Spaß gemacht hat, und an der ich sicher noch lange herumexperimentieren werde. Angeregt wurde ich durch eine Seidenmalerei-Ausstellung. Dort gab es Bilder, die urwaldartig mit Pflanzen überzogen waren, zwischen denen grellbunte Papageien leuchteten.
Als die ersten Skizzen entstanden, mußte ich feststellen, daß ich, trotz intensiver Gartenarbeit, wenig über Formen und Farben der Pflanzen wußte. Also skizzierte ich erst einmal die unterschiedlichen Blattformen, die ich im Garten fand.
Ich wälzte Botanikbücher, lief nicht mehr einfach nur so spazieren, sondern erlebte plötzlich, wieviele verschiedene Blau-, Grün-, Gelb-, Rot- und Brauntöne in der Natur nebeneinander stehen, und entdeckte zartgrüne Blätter an rosa Stielen.

Die ersten Eier, die daraufhin entstanden, waren die blau eingefärbten Enteneier von S. 28. Sie sind rundum bemalt. Die kleinen naturgrünen Enteneier von S. 27 sind dagegen nur auf der „Schauseite" mit einem Motiv versehen. Die winzigen Vergißmeinnicht lassen sich gut mit einem Zahnstocher auftupfen.

Die drei Eier auf S. 29 zeigen, daß auch kräftig eingefärbte, naturbraune oder gesprenkelte Eier für Pflanzenmotive genommen werden können.

Ein Tip: Sollten die Wasserfarben auf dem Ei „wegrutschen", weil die Schale die Farben nicht annimmt, versuchen Sie es mit Ochsengalle anstelle von Wasser.

Enteneier, naturgrün

Entendoppeleier, blaue Eier-
farbe leicht abgewaschen

von links nach rechts:
Hühnerei, gefärbt,
Putenei , natur
Hühnerei, natur

Das Medaillon-Ei entstand, nachdem mir beim Zeitunglesen ein Bild aufgefallen war, auf dem ein Diadem abgebildet war. Es war aus Eisenguß, Stahl und Horn hergestellt und stammte aus dem Jahr 1825. In den Medaillons Portraits – ähnlich wie bei Gemmen.

Wachstechnik

Die Wachstechnik ist ein guter Einstieg für die Wachsreserve- oder Batiktechnik. Für beide Techniken braucht man die Werkzeuge, die auf der Abbildung zu sehen sind.

Der Vorgang: Bienenwachs, das zur Hälfte mit Stearin vermischt werden kann, wird geschmolzen. Mit Wachspigmenten oder bienenwachshaltigen Wachsmalstiften, die in das flüssige Wachs gegeben werden, läßt sich jeder beliebige Farbton herstellen.

Stecknadelkopf in das heiße Wachs tauchen, anwärmen lassen, auf das Ei als Tupfen oder Strich aufsetzen.

Der Vorgang mit der zurechtgeschnittenen Vogelfeder (Gans, Ente oder Huhn) ist ähnlich.

Bei der Wachstechnik muß zügig gearbeitet werden, weil das Wachs sehr schnell erkaltet. Ihnen wird auffallen, daß sich die Motive auf den Eiern, die mit dieser Technik verziert werden, öfter wiederholen.
Der Grund: Es gibt sehr

links: Gänseei, Walnußschale
rechts: Perlhuhnei, natur

alte Symbole, die eine ganz bestimmte Bedeutung haben. Der Kreis ist z. B. das Symbol für die Ostersonne, der Halbkreis – die aufgehende Sonne. In der untersten Reihe S. 30 sind von links nach rechts folgende Symbole abgebildet: Palmblatt, Kreuz, Dornenkrone und Schweißtropfen Christi.
Einige Künstler setzen diese Symbole ganz bewußt ein, andere dagegen variieren sie als reine Schmuckelemente.

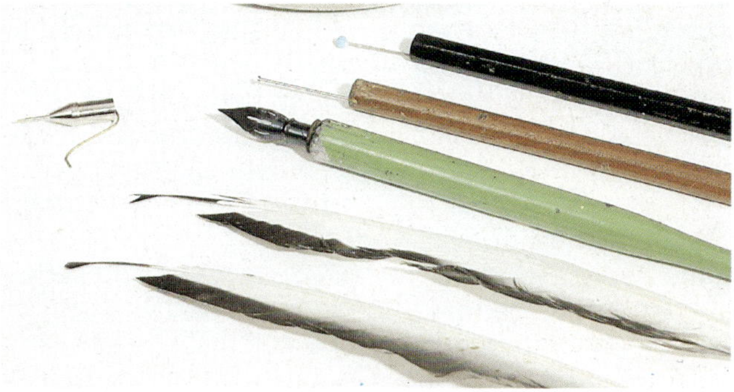

Gänseei, gefärbt

Wachsreserve – oder Batiktechnik

Die Wachsreservetechnik ist sehr alt. Die verzierten Schalenreste von Eiern, die in Gräbern vorchristlicher Zeit gefunden worden sind, lassen darauf schließen, daß schon damals ähnlich gearbeitet worden ist.

Das gleiche gilt für viele Ornamente, die früher verwendet wurden und heute noch immer auf Volkskunst-Eiern, z. B. in der Ukraine, zu finden sind.
Da ist, um eins zu nennen, das Sonnensymbol. Die Sonne wurde in heidnischer Zeit bei den Frühlingsfesten gefeiert. Mit ihr kam neues Leben nach einem langen, kalten und dunklen Winter auf die Erde zurück. Eier spielten bei diesen Festen eine große Rolle.
Nach und nach wurden die Sitten und Gebräuche heidnischer Zeit, auch die Frühlingsfeste, durch das Fest der Auferstehung, das Osterfest, verdrängt. Neue und alte Symbole vermischten sich.
Bei der Wachsreservetechnik unterscheidet man zwischen der sorbischen Technik, die in der Ober- und Niederlausitz zu Hause ist, und der Pisanki, die in der Ukraine eine lange Tradition hat. Während bei der ersten mit Stecknadel und Vogelfedern gearbeitet wird, wird bei der letzteren eine Schreibfeder oder Trichterfeder verwendet.

Der Batik-Vorgang soll ganz kurz anhand des schwarzen Eies 2. Reihe rechts erklärt werden. Auf die ungefärbte Schale des Eies wird das erste Muster – das Palmblatt – mit Stecknadel und Wachs aufgetragen. Ei kurz in die blaue Farbe tauchen, abtupfen.
Muster 2 – die blaue aufgehende Sonne – auftragen. Ei diesmal ins rote Farbbad, trockentupfen.
Das 3. Muster – lila aufgehende Sonne – auftragen, ins nächste Farbbad, in diesem Falle das letzte, schwarze Tusche.

Ei über einer Kerze oder im Backofen abschmelzen, evtl. lackieren, fertig.

Gravieren

Gravieren ist eine Technik, die am Anfang sehr mühsam erscheint. Es geht dabei langsamer vorwärts, als beim Ätzen oder Batiken. Man arbeitet zunächst mit viel zu viel Druck und hat nur ein müdes Lächeln für den übrig, der behauptet, Gravieren sei die entspannendste und nervenberuhigendste Tätigkeit, die es gäbe.

Hat man aber erst einmal festgestellt, daß zartes Abschaben der Farbe zu besseren Ergebnissen führt, als körperliche Kraftanstrengungen, braucht man nur noch einen bequemen Sessel, und für ein zufriedenes Gemüt kann garantiert werden.

Noch ein Vorteil: Gravieren braucht keine großen Vorbereitungen. Ob 5 Minuten Zeit zur Verfügung stehen oder 1 Stunde, es lohnt sich in jedem Falle mit der Arbeit zu beginnen.

Das gefärbte Ei mit einem weichen Tuch in der einen Hand, ein Graviermesser (s. Bild) in der anderen, der bequeme Sessel, und es kann losgehen.

Als Motive eignen sich Blüten, Blätter, Vögel, abstrakte Muster, Bordüren. Schauen Sie sich einfach in Ihrer Wohnung um.

Vielleicht wirkt Ihre Tapete anregend oder der Teppich. Vielleicht finden Sie ein Spitzendeckchen oder ein Motiv aus der Bauernmalerei.

Und noch etwas: gravieren Sie nuancenreich! Vom zartesten Abschaben der Farbe bis zur Naturfarbe der Schale (weiß oder naturbraun) gibt es viele Zwischentöne.

links oben und rechts unten:
Hühnereier, gefärbt
links unten und rechts oben:
Hühnereier, Zwiebelschale

Ätzen

Beim Ätzen kann das Ei mit ähnlichen Mustern geschmückt werden wie beim Gravieren, es wirkt nur alles etwas gröber.

Sie brauchen folgendes Material:
Eine Schreibfeder und Federhalter oder ein Schaschlikstäbchen verdünnte Salzsäure oder Zitronensäure für Kinder, Papiertücher

Das Muster wird mit Feder oder Stäbchen und Salzsäure auf das nicht allzu kräftig eingefärbte Ei gezeichnet. Kurz einwirken lassen, die Salzsäure arbeitet, vorsichtig abtupfen, die Flüssigkeit darf nicht verschmiert werden, kurz trocknen lassen, mit einem weichen Tuch abreiben, die Konturen treten kräftig hervor, weiterarbeiten.

Zum Schluß das Ei wieder mit einer Schutzschicht aus Lack überziehen.

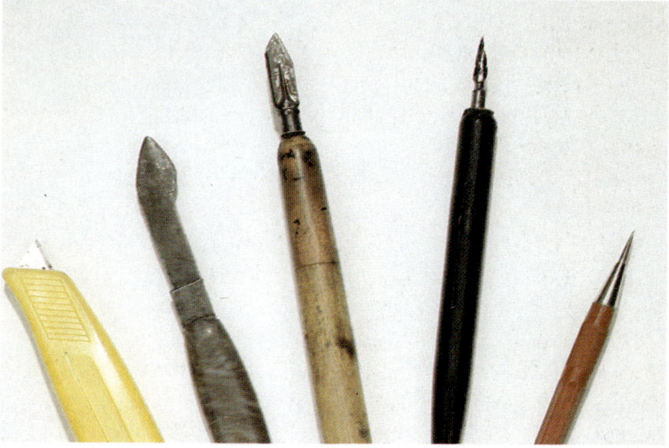

Arabesken

Die fantasiereichen Arabesken orientalischer Moscheen regten zu dieser Serie an. Während sich die meisten Motive von den Ursprungsornamenten weit entfernt haben, blieb das blaue Rankenmuster der Freitagsmoschee fast unverändert erhalten.

Nanduei, natur

Alte Stiche, historische Gebäude und Kirchen

Haben Sie eine Hand für Federzeichnungen? Gibt es in Ihrer Stadt oder in Ihrem Dorf schöne alte Gebäude? Wohnen Sie oder Ihre Freunde vielleicht sogar in einem historischen Haus? Wäre das nicht einmal ein ganz persönliches und überraschendes Geschenk? Aber warum eigentlich nur historisch?

Das Haus, in dem Ihre Freunde wohnen, die Umgebung dazu, vielleicht der ganze Straßenzug, rund um das Ei gemalt, ist auch nicht gerade ein alltägliches Motiv. Oder – malen Sie für den nächsten Kirchen- oder Schulbazar Kirche oder Schule auf ein Ei, einige interessante Daten auf die Rückseite, und das Ei hat bestimmt seine Abnehmer.

Werkzeug:
Harter Bleistift
feine Zeichenfeder/Federhalter
schwarze oder braune Tusche
schwarzer oder brauner Filzstift (wasserfest und sehr fein)
evtl. Wasserfarben/Pinsel
ein gutes Foto oder eine maßstabgerechte Skizze des Gebäudes, das gezeichnet werden soll

Es ist günstig, für den rechten Arm eine erhöhte Auflage zu schaffen. Die Auflage, die z. B. aus Büchern bestehen kann, sollte bis zum Ellbogen reichen. Die Höhe sollte ungefähr dem Durchmesser des Eies entsprechen.

Medaillons

Medaillons auf Eiern lassen sich leichter zeichnen, wenn man einen kleinen Trick anwendet: Das Ei bis zur gewünschten Medaillongröße in eine Flüssigkeit tauchen, vorsichtig abtupfen – fertig.

Sie haben folgende Möglichkeiten:
Klares Leitungswasser bleibt auf manchen Schalen lange genug haften, um eine dünne Bleistiftlinie entlang der sichtbaren feuchten Markierung ziehen zu können.
Naturfarbene oder zart eingefärbte (trockene) Eier können kurz in ein Farbbad getaucht werden. Stark gefärbte Eier erhalten durch eine leichte Seifenlauge ein zart getöntes Medaillon.
Naturgesprenkelte Eier in verdünnte Salzsäure getaucht erhalten weiße Medaillons.

1 Entenei, schwarze Tusche
2 Gänseei, schwarze Tusche und Aquarellfarbe
3 Gänseei, schwarze Tusche
4 Entenei, schwarze Tusche und Aquarellfarbe

5, 6, 7 Puteneier, braune Tinte
und Aquarellfarbe
8/9 Perlhuhneier, braune Tinte

Biblische Geschichten

Bevor ich mein erstes Straußenei zu bemalen begann, überlegte ich sehr lange, welches Thema für ein solches Prachtei würdig genug wäre. Die Wahl fiel schließlich auf „Biblische Geschichten".

Einige der auf dem Straußenei gezeigten Personen haben Vorbilder aus Salzteig. Es sind Figuren, die vor Jahren für eine Weihnachtskrippe entstanden.

Die Hochzeit zu Kana ist auf gewöhnlichen Hühnereiern wiedergegeben. Links Jesus mit seiner Mutter (die Hochzeitstafel zieht sich um das ganze Ei herum), rechts der dicke Mundschenk, der gerade die ersten Schlucke des zu Wein gewordenen Wassers probiert.

Straußeneier sind in den Schatzkammern von Domen, Kathedralen und Schlössern zu finden. Museen stellen Straußeneier aus, die mit Gold und Silber, Perlen und Edelsteinen geschmückt sind. Die Mohammedaner hängten sie mit der Bitte um Kindersegen an ihre heiligen Bäume, oder brachten sie über den Gräbern der Verstorbenen an. In vielen mittelalterlichen Kirchen Europas waren sie liturgischer Bestandteil der Osternacht.

Gertrud Weinhold beschreibt in ihrem Buch „Das schöne Osterei", wie sie sich auf die Suche nach Straußeneiern in Osteuropa macht, weil sie nicht glauben kann, daß sie nachweislich nur in den Kirchen Westeuropas eine Rolle gespielt haben sollten. Sie entdeckt tatsächlich Straußeneier in den alten orthodoxen Klosterkirchen der Karpaten. Sie schreibt: „In silberne Spangen gefaßt hingen sie von den großen alten Kirchenleuchtern im geheimnisvollen Dunkel vor der Ikonenwand. Ob die Frauen, die sie mit ihren gestickten Tüchlein festlich auszierten und die Kronleuchter liebevoll schmückten, wohl etwas von ihrer uralten Bedeutung als stille Zeichen der Osterbotschaft ahnten?"

Straußenei
2 Hühnereier

Das Ei – Symbol und Zierde seit Jahrtausenden

Der Brauch, Eier zu verzieren, ist sehr alt.

Archäologische Funde haben gezeigt, daß das Ei schon einige tausend Jahre vor Beginn des christlichen Zeitalters bei den Völkern der Erde eine große Rolle gespielt haben muß. Davon zeugen Schalenreste, die Archäologen in Gräbern gefunden haben. Sie waren teilweise naturbelassen, teilweise aber gefärbt und mit Ornamenten versehen. Außerdem fand man Eier aus gebranntem Ton, Kalkstein und Alabaster.

Während das natürliche Ei dem Toten wahrscheinlich als Wegzehrung dienen sollte, lassen sich über die Bedeutung des kunstvoll gestalteten Eies nur Vermutungen anstellen. Im Ägypten der Pharaonenzeit wurde der innerste Sarkophag, der die Mumie des Verstorbenen umschloß, „das Ei" genannt. Man könnte daraus schließen, daß das Ei dem Toten als Verheißung dafür mitgegeben wurde, daß der Sarg ihn nur für kurze Zeit umschließen würde, daß er eines Tages, genau wie der Vogel, die Hülle sprengen und, berührt durch den Odem Gottes, als neuer Mensch daraus hervorgehen würde.

In der Sammlung Weinhold im Volkskundemuseum in Berlin, ist ein durchbrochenes tönernes Ei mit türkisgrüner Glasur zu sehen. Es stammt aus dem 6. Jahrhundert vor Christi Geburt und wurde in Ägypten gefunden. Gertrud Weinhold erinnert in ihrem Buch „Das schöne Osterei" in diesem Zusammenhang an die Phönix-Legende, in der der „leuchtende Vogel" aus Myrrhen ein Ei flicht, in das er den Leichnam seines Vaters bettet. „Mit diesem Myrrhen-Sarg fliegt er nach Ägypten, um ihn dort in Heliopolis auf dem Altar den Flammen der Sonne zu übergeben. Aus der Asche ersteht das neue Wesen, der junge Phönix."

Das Ei steht am Anfang vieler Schöpfungsmythen. Es wurde verehrt, gefärbt, mit Symbolen versehen, aus Gold und Silber hergestellt. Berühmt sind die Porzellaneier des russischen Zarenhofes, die an die Angehörigen der Leibregimenter verschenkt wurden. Jedes Ei wurde mit dem Monogramm des Herrschers und mit den Buchstaben XB, den russischen Anfangsbuchstaben von Christos voskres, „Christus ist auferstanden", verziert. Auch heute noch begrüßen sich Freunde und Verwandte in der Sowjetunion nach der mitternächtlichen kirchlichen Osterfeier mit dem Ruf – Christus ist auferstanden – er ist wahrhaftig auferstanden.

Mit den gleichen Worten beginnt in Griechenland der „Ritus des Eieranstoßens". Dabei wird ein rot eingefärbtes Ei (rot zur Erinnerung an das Blut Christi) Spitze an Spitze mit dem Ei, das ein Freund oder Ver-

Putenei

wandter in der Hand hält, zusammengestoßen.

Das Aufreißen der Schale soll an das Zerbrechen des versiegelten Grabes am Ostermorgen erinnern. Auch bei uns in Deutschland gibt es Osterbräuche, die sich über Jahrhunderte gehalten haben. So ist es in manchen katholischen Gemeinden üblich, Ostersonntag Speisen mit in die Kirche zu nehmen und sie vom Pfarrer weihen zu lassen. In einigen Dörfern auf der Schwäbischen Alb kann man in den Gärten „Osterbäume" bewundern, die mit ausgeblasenen verzierten Eiern geschmückt sind.

Die vielen Ostereiermessen, die alleine in Deutschland in großen und in kleinen Städten stattfinden, die Resonanz, die die Kurse haben, die allerorts angeboten werden, die Freude, die der Umgang mit dem Verzieren der Eier bereitet, lassen mich über eine Geschichte nachdenken, die ich vor einiger Zeit gelesen habe. Es handelt sich um eine Legende der Huzulen.

„Nach dieser Erzählung glaubte man, das Schicksal der Welt hänge von den ‚Pysanka' ab. Solange diese Tradition des Eierverzierens lebendig sei, bleibe die Welt bestehen. Sollte die Sitte einmal aussterben, so würde das Böse die Welt umzingeln und sie zerstören. Ein uraltes, bösartiges Wesen liege mit schweren Ketten an einen riesigen Felsabsturz gefesselt am Meer, und jedes Jahr umkreisten Abgesandte dieser Kreatur den Erdball und führten Buch über die Anzahl der verzierten Eier. Gäbe es nur wenige verzierte Eier, so lockerten sich die Ketten des Ungeheuers, und das Böse beginne, sich über die Erde auszubreiten. Sollten jedoch seine Boten die Sitte des Eierverzierens weit verbreitet finden, so festigten sich die Ketten des Monstrums wieder und ließen so den Sieg der Liebe über das Böse zu."

Ich möchte das Buch mit der Serie der „Tanzenden Kraniche" schließen.
Die Manschurenkraniche gelten in Japan als Symbol für Liebe und Treue. Hat ein Paar erst einmal zueinander gefunden, bleibt es ein Leben lang zusammen. Ihr melodiöser Gesang ist berühmt und der Fantasienreichtum ihres Tanzes unübertroffen.

Um im Bild der Tanzenden Kraniche zu bleiben, wünsche ich Ihnen genau das, was diese Vögel auszeichnet:
Eine reiche Fantasie und ein Leben lang Liebe und Treue zum schönen Ei, auf daß die Anzahl der verzierten Eier zunehmen und die Erde noch lange bestehen bleiben möge.

Quellennachweis

Gertrud Weinhold,
Das schöne Osterei,
Lometsch Verlag, Kassel

Luciow, Kmit,
Zauberhafte Eier
Verlag Paul Haupt, Bern und Stuttgart

Ernst Thomas Reimbold,
Der Pfau
Mythologie und Symbolik
Callwey Verlag, München

Eberhard Gaißer,
Marmorieren,
Frech-Verlag, Stuttgart (TOPP-Reihe)